Impressum
Verlag: BABADADA GmbH, Nedderfeld 112 , 22529 Hamburg
Geschäftsführer / Verlagsleitung: Harald Hof
Druck: Books on Demand GmbH, In de Tarpen 42, 22848 Norderstedt

Imprint
Publisher: BABADADA GmbH, Nedderfeld 112 , 22529 Hamburg, Germany
Managing Director / Publishing direction: Harald Hof
Print: Books on Demand GmbH, In de Tarpen 42, 22848 Norderstedt, Germany

escuela
escola

aula
sala de aulas

dividir
dividir

186/2

mesa
quadro

patio de escuela
pátio da escola

docente
professor

papel
papel

escribir
escrever

bolígrafo
caneta

escritorio
escrivaninha

regla
régua

libro
livro

alumno
aluno

mochila escolar
....
sacola

caja de lápices
....
estojo de lápis

lápiz
....
lápis

sacapuntas
....
apontador de lápis

goma de borrar
....
borracha

bloc de dibujo
....
bloco de desenho

dibujo

desenho

pincel

pincel

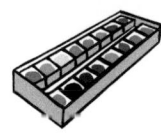

caja de pinturas

estojo de tintas

tijera

tesoura

pegamento

cola

libro de ejercicios

livro de exercícios

tarea

lição de casa

número

número

sumar

somar

restar

subtrair

multiplicar

multiplicar

calcular

calcular

letra

letra

alfabeto

alfabeto

palabra

palavra

texto
texto

leer
ler

tiza
giz

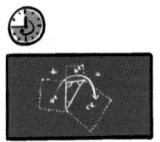

lección
hora

libro de clase
registro da classe

examen
exame

certificado
certificado

uniforme escolar
uniforme escolar

educación
educação

enciclopedia
enciclopédia

universidad
universidade

microscopio
microscópio

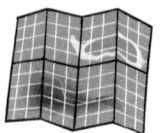

mapa
mapa

cesto de papeles
cesto de lixo

hotel
hotel

Grand

albergue
albergue

ROOMS

casa de cambio
casa de câmbio

EXCHANGE

maleta
mala

auto
carro

idioma
idioma

sí / no
sim / não

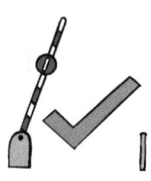

ok
ok

hola
Olá

intérprete
tradutor

gracias
obrigado

¿Cuánto cuesta...?

quanto custa...?

No entiendo

eu não entendo

problema

problema

¡Buenas tardes!

boa noite!

¡Buenos días!

Bom dia!

¡Buenas noches!

Boa noite!

adiós

até logo

dirección

direção

equipaje

bagagem

bolso

bolsa

mochila

mochila

invitado

convidado

cuarto

quarto

saco de dormir

saco de dormir

tienda de campaña

barraca

información al turista

informação turística

playa

praia

tarjeta de crédito

cartão de crédito

desayuno

café da manhã

almuerzo

almoço

cena

jantar

pasaje

bilhete

ascensor

elevador

sello

selo

límite

fronteira

aduana

alfândega

embajada

embaixada

visa

visto

pasaporte

passaporte

transporte

transporte

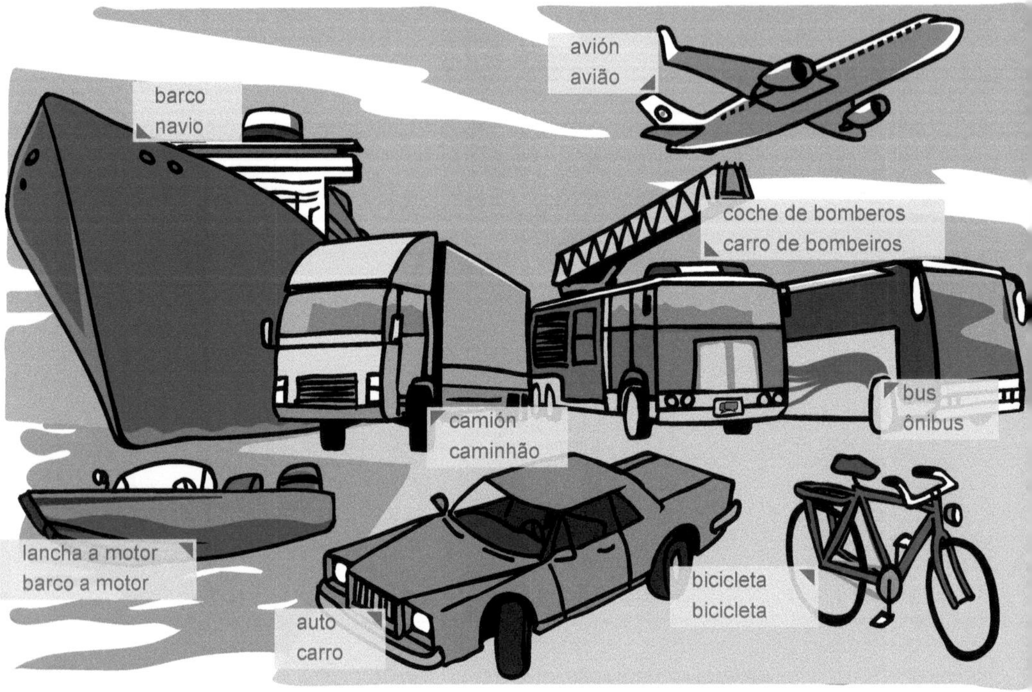
avión
avião
barco
navio
coche de bomberos
carro de bombeiros
bus
ônibus
camión
caminhão
lancha a motor
barco a motor
bicicleta
bicicleta
auto
carro

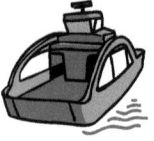

balsa

balsa

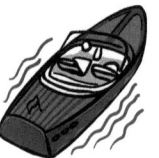

lancha

barco

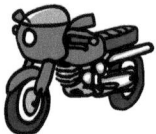

motocicleta

motocicleta

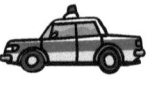

auto de policía

veículo policial

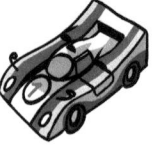

auto de carreras

carro de corrida

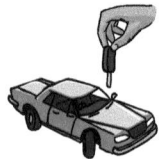

auto de alquiler

carro de aluguel

alquiler de autos

compartilhamento de automóvel

grúa

caminhão de reboque

vehículo recolector de basura

caminhão de lixo

motor

motor

gasolina

combustível

gasolinera

posto de gasolina

señal de tráfico

placa de trânsito

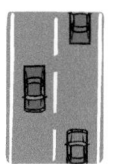

tránsito

trânsito

atasco

trânsito lento

estacionamiento

estacionamento

estación de tren

estação de trem

carril

trilhos

tren

trem

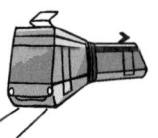

tranvía

bonde

vagón

vagão

helicóptero
helicóptero

aeropuerto
aeroporto

torre
torre

pasajero
passageiro

contenedor
contêiner

caja de cartón
cartolina

carro
carroça

cesta
cesto

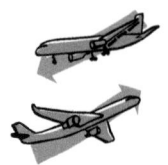

despegar / aterrizar
decolar / pousar

ciudad
cidade

aldea
vilarejo

centro de la ciudad
centro da cidade

casa
casa

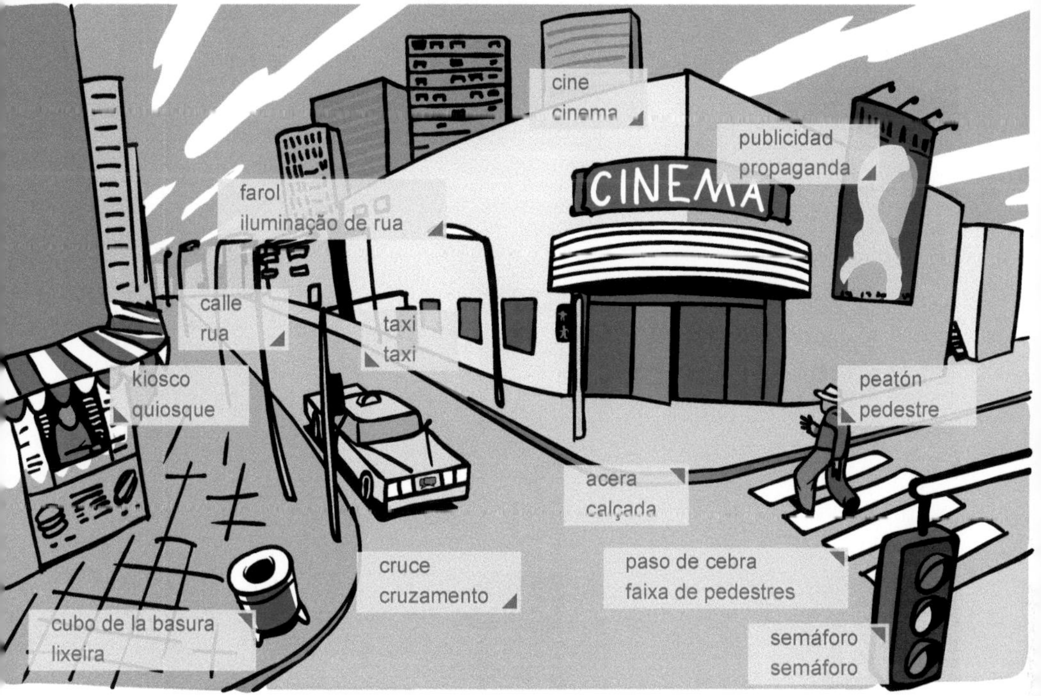
cine
cinema
publicidad
propaganda
CINEMA
farol
iluminação de rua
calle
rua
taxi
taxi
kiosco
quiosque
peatón
pedestre
acera
calçada
cruce
cruzamento
paso de cebra
faixa de pedestres
cubo de la basura
lixeira
semáforo
semáforo

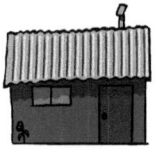

cabaña

cabana

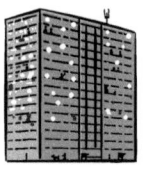

apartamento

apartamento

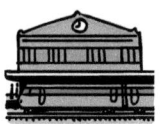

estación de tren

estação de trem

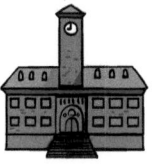

ayuntamiento

prefeitura

MUSEUM

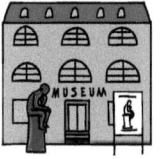

museo

museu

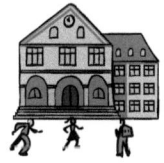

escuela

escola

universidad

universidade

banco

banco

hospital

hospital

hotel

hotel

farmacia

farmácia

oficina

escritório

librería

livraria

negocio

loja

florería

floricultura

supermercado

supermercado

mercado

mercado

grandes almacenes

loja de departamentos

pescadería

peixaria

centro comercial

centro comercial

puerto

porto

parque
parque

banco
banco

puente
ponte

escalera
escadas

metro
metrô

túnel
túnel

parada de autobuses
ponto de ônibus

bar
bar

restaurante
restaurante

buzón de correo
caixa de correspondência

letrero
placa de rua

parquímetro
parquímetro

zoológico
zoológico

piscina
piscina

mezquita
mesquita

granja
fazenda

polución
poluição

cementerio
cemitério

iglesia
igreja

parque infantil
parquinho

templo
templo

paisaje
paisagem

hoja
folha

indicador de camino
placa de sinalização

sendero
caminho

pradera
gramado

piedra
pedra

árbol
árvore

caminante
caminhantes

río
rio

pasto
grama

flor
flor

valle
vale

montaña
montanha

lago
lago

bosque
floresta

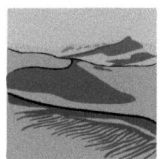

desierto
deserto

volcán
vulcão

castillo
castelo

arco iris
arco-íris

seta
cogumelo

palmera
palmeira

mosquito
mosquito

mosca
mosca

hormiga
formiga

abeja
abelha

araña
aranha

escarabajo

besouro

rana

sapo

ardilla

esquilo

erizo

ouriço

liebre

lebre

lechuza

coruja

pájaro

pássaro

cisne

cisne

jabalí

javali

ciervo

veado

alce

alce

embalse

barragem

aerogenerador

aerogerador

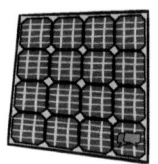

módulo solar

painel solar

clima

clima

camarero
garçom

carta del menú
menu

silla
cadeira

sopa
sopa

pizza
pizza

cubiertos
talheres

mantel
toalha de mesa

entrada
entrada

plato principal
prato principal

postre
sobremesa

bebida
bebidas

comida
comida

botella
garrafa

comida rápida

fastfood

comida callejera

comida de rua

tetera

bule de chá

azucarera

açucareiro

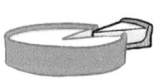

porción

porção

máquina de espresso

máquina de expresso

silla alta

cadeirão

factura

conta

bandeja

bandeja

cuchillo

faca

tenedor

garfo

cuchara

colher

cuchara de té

colher de chá

servilleta

guardanapo

vaso

copo

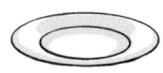

plato
_____
prato

plato de sopa
_____
prato de sopa

platillo
_____
pires

salsa
_____
molho

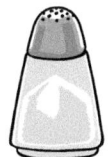

salero
_____
saleiro

molinillo para pimienta
_____
moedor de pimenta

vinagre
_____
vinagre

aceite
_____
óleo

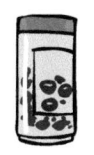

especias
_____
especiarias

ketchup
_____
ketchup

mostaza
_____
mostarda

mayonesa
_____
maionese

supermercado

supermercado

oferta
oferta especial
FOR
cliente
cliente
productos lácteos
laticínios
fruta
frutas
carrito de compras
carrinho de compras

BUTCHERS

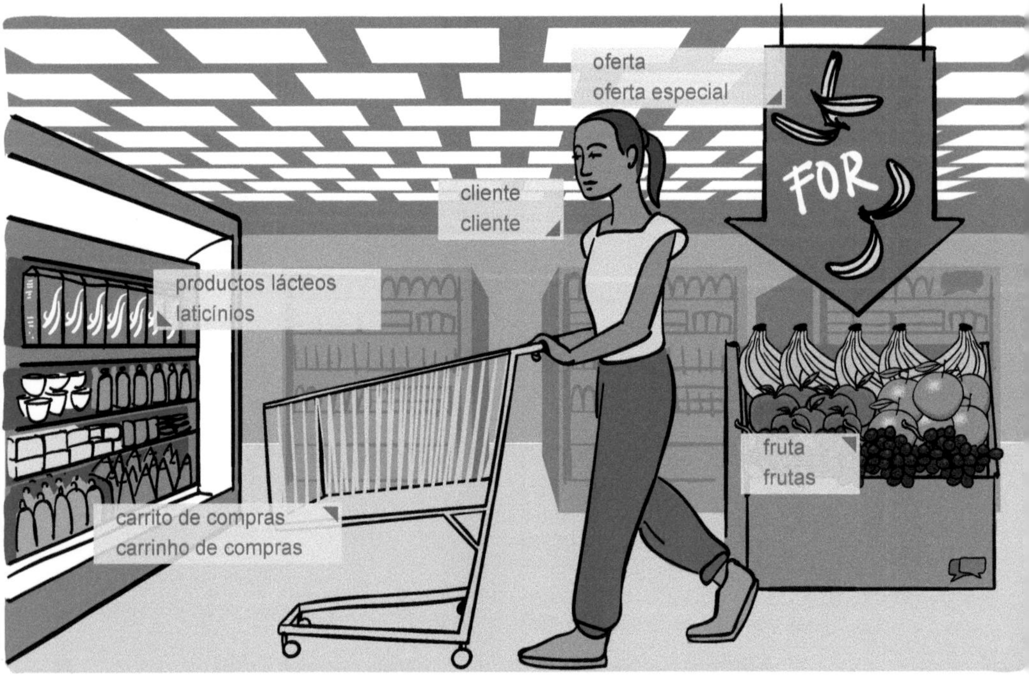

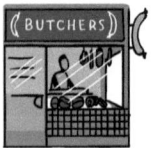

carnicería

açougue

BAKERY

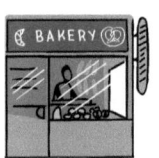

panadería

padaria

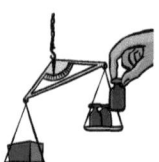

pesar

pesar

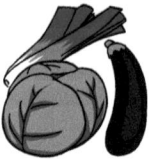

verdura

legumes

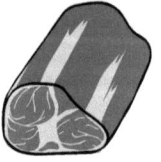

carne

carne

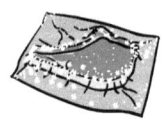

alimentos congelados

congelados

fiambre
charcutaria

conservas
conservas

detergente en polvo
detergente em pó

dulces
doces

artículos domésticos
artigos domésticos

productos de limpieza
produtos de limpeza

vendedora
vendedora

caja
caixa

cajero
caixa

lista de compras
lista de compras

horario de atención
horário de funcionamento

cartera
carteira

tarjeta de crédito
cartão de crédito

maleta
sacola

bolsa plástica
saco plástico

agua

água

jugo

suco

leche

leite

refresco de cola

coca-cola

vino

vinho

cerveza

cerveja

alcohol

álcool

cacao

cacau

té

chá

café

café

espresso

expresso

cappuccino

cappuccino

banana

banana

manzana

maçã

naranja

laranja

sandía

melão

limón

limão

zanahoria

cenoura

ajo

alho

bambú

bambu

cebolla

cebola

seta

cogumelo

nueces

nozes

fideos

macarrão

espagueti

espaguete

arroz

arroz

ensalada

salada

patatas fritas

batatas fritas

patatas salteadas

batatas frias

pizza

pizza

hamburguesa

hambúrger

sándwich

sanduíche

escalope

escalope

jamón

presunto

salame

salame

embutido

salsicha

pollo

galinha

asado

assado

pescado

peixe

copos de avena

flocos de aveia

musli

granola

copos de maíz tostado

flocos de milho

harina

farinha

croissant

croissant

panecillo

pãozinho

pan

pão

tostada

torrada

galletas

biscoitos

mantequilla

manteiga

cuajada

requeijão

pastel

bolo

huevo

ovo

huevo frito

ovo frito

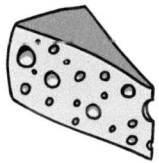

queso

queijo

helado

sorvete

azúcar

açúcar

miel

mel

mermelada

geleia

praliné

creme de avelãs

curry

curry

granja
fazenda

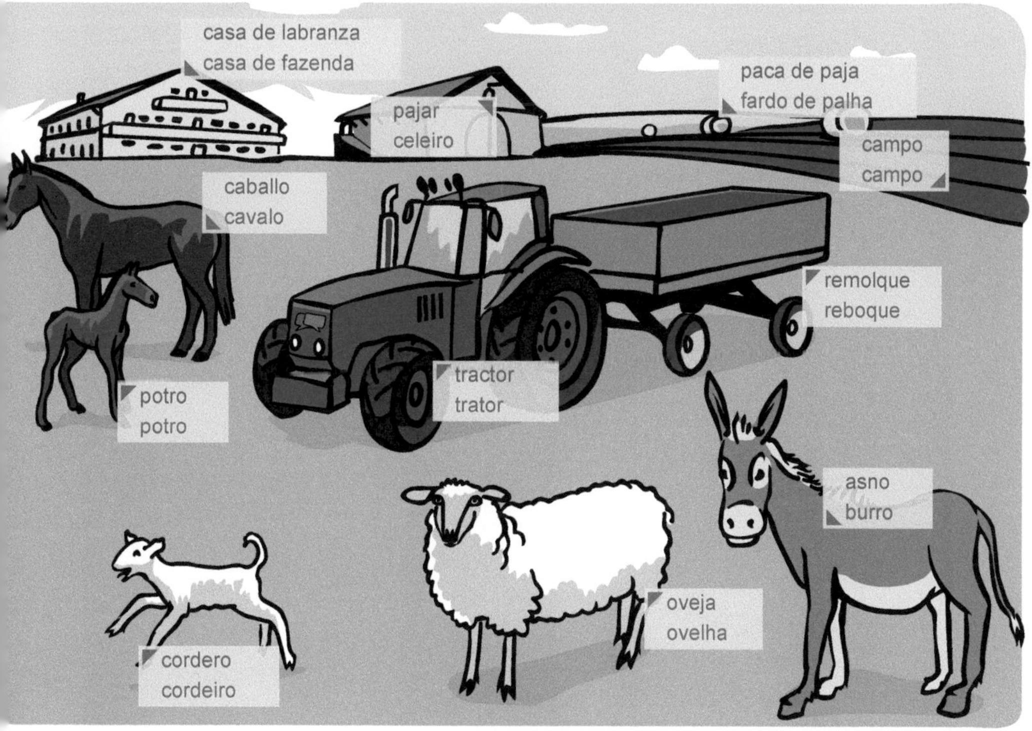

casa de labranza
casa de fazenda
pajar
celeiro
paca de paja
fardo de palha
campo
campo
caballo
cavalo
remolque
reboque
tractor
trator
potro
potro
asno
burro
oveja
ovelha
cordero
cordeiro

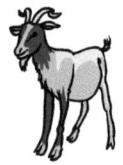

cabra
cabra

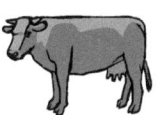

vaca
vaca

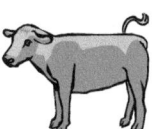

ternero
bezerro

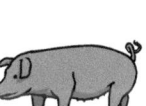

cerdo
porco

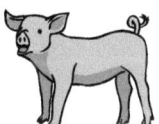

lechón
leitão

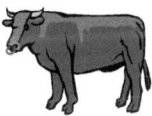

toro
touro

ganso
ganso

pato
pato

polluelo
pintinho

pollo
galinha

gallo
galo

rata
ratazana

gato
gato

ratón
camundongo

buey
boi

perro
cachorro

caseta del perro
casinha do cachorro

manguera de riego
mangueira de jardim

regadera
regador

guadaña
foice

arado
arado

hoz

foice

azada

enxada

bieldo

forquilha

hacha

machado

carretilla

carrinho de mão

abrevadero

manjedoura

lechera

jarra de leite

saco

saco

cerca

cerca

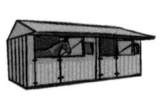

establo

estábulo

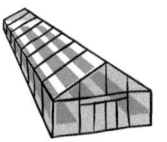

invernadero

estufa

suelo

solo

semilla

semente

fertilizante

fertilizante

cosechadora

colheitadeira

cosechar

colher

cosecha

colheita

raíz de ñame

inhame

trigo

trigo

soja

soja

patata

batata

maíz

milho

colza

colza

Árbol frutal

árvore frutífera

mandioca

mandioca

cereales

cereais

casa
casa

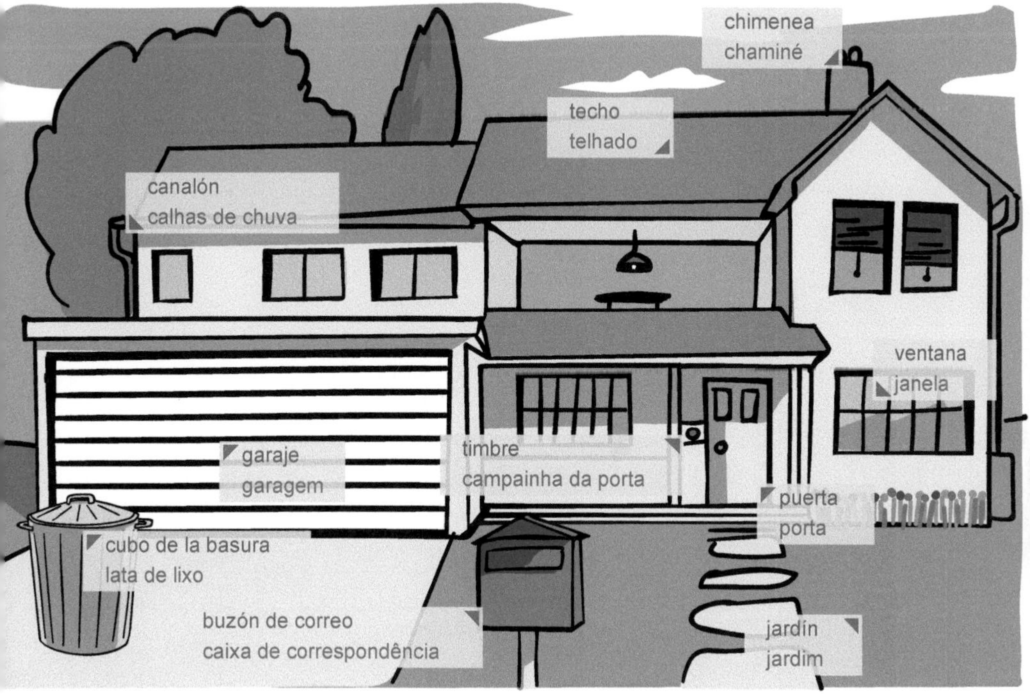
chimenea
chaminé
techo
telhado
canalón
calhas de chuva
ventana
janela
garaje
garagem
timbre
campainha da porta
puerta
porta
cubo de la basura
lata de lixo
buzón de correo
caixa de correspondência
jardín
jardim

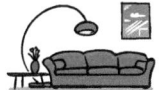

cuarto de estar

sala de estar

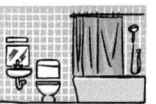

cuarto de baño

banheiro

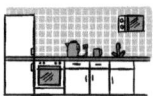

cocina

cozinha

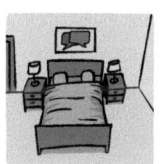

dormitorio

quarto de dormir

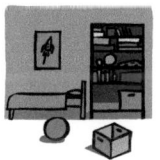

cuarto de los niños

quarto de criança

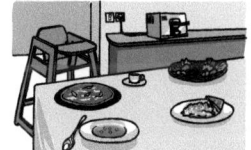

comedor

sala de jantar

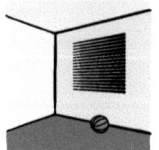

piso
....
chão

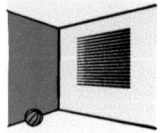

pared
....
parede

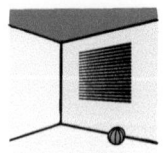

cielorraso
....
teto

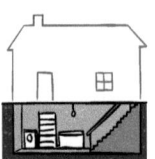

sótano
....
porão

sauna
....
sauna

balcón
....
varanda

terraza
....
terraço

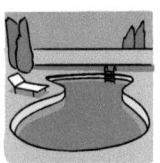

piscina
....
piscina

cortacésped
....
cortador de grama

funda nórdica
....
lençol

edredón
....
coberta

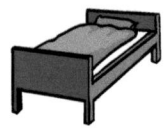

cama
....
cama

escoba
....
vassoura

cubo
....
balde

interruptor
....
interruptor

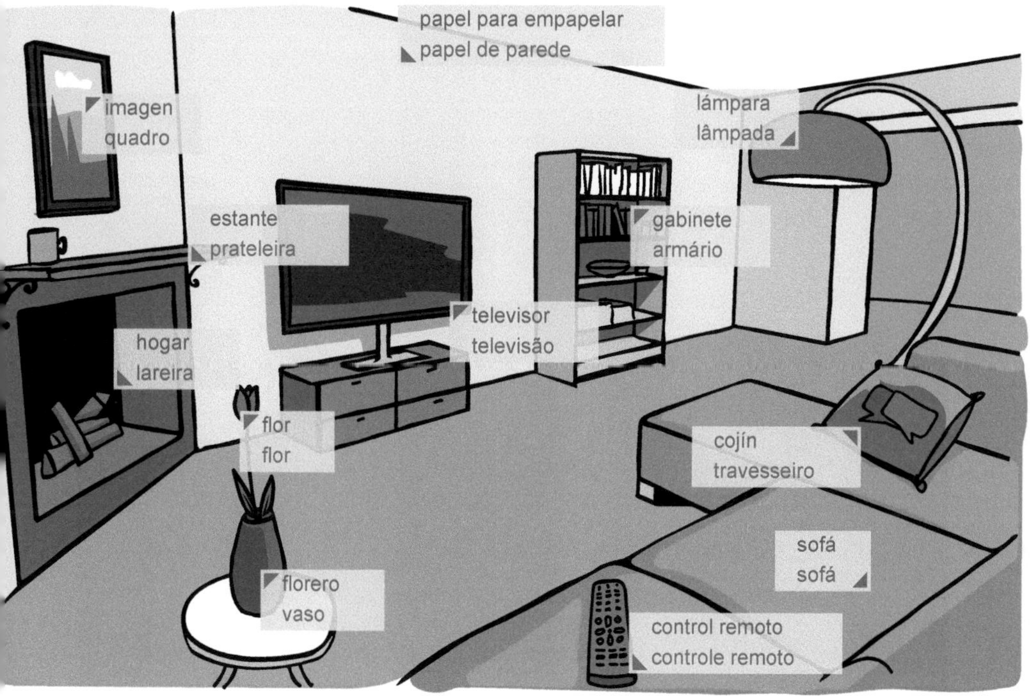

papel para empapelar
papel de parede

imagen
quadro

lámpara
lâmpada

estante
prateleira

gabinete
armário

hogar
lareira

televisor
televisão

flor
flor

cojín
travesseiro

sofá
sofá

florero
vaso

control remoto
controle remoto

alfombra
tapete

cortina
cortina

mesa
mesa

silla
cadeira

mecedora
cadeira de balanço

sillón
poltrona

libro
livro

frazada
cobertor

decoración
decoração

leña
lenha

film
filme

equipo estereofónico
equipamento de som

llave
chave

periódico
jornal

cuadro
pintura

póster
pôster

radio
rádio

bloc de notas
bloco de notas

aspiradora
aspirador

cactus
cacto

vela
vela

cocina
cozinha

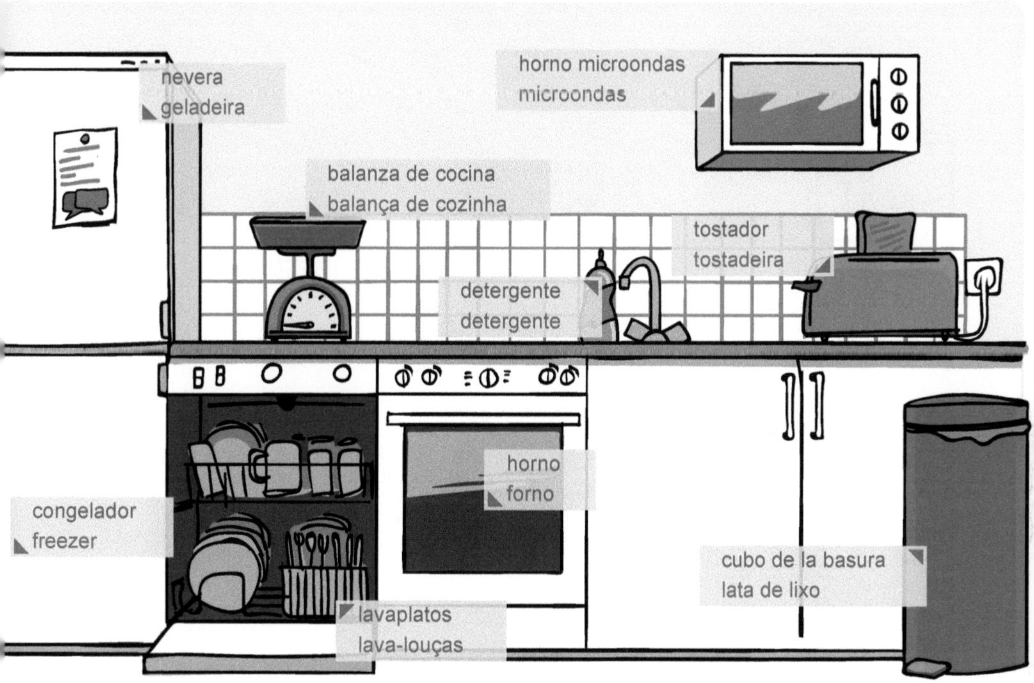

nevera
geladeira
horno microondas
microondas
balanza de cocina
balança de cozinha
tostador
tostadeira
detergente
detergente
horno
forno
congelador
freezer
cubo de la basura
lata de lixo
lavaplatos
lava-louças

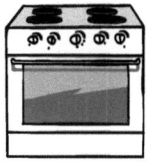

cocina

fogão

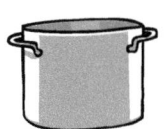

olla

panela

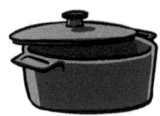

olla de fundición de hierro

panela de ferro

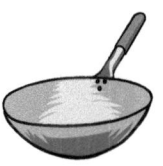

wok / kadai

wok / kadai

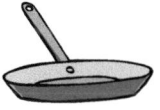

sartén

frigideira

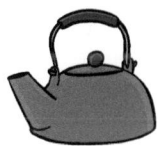

hervidor de agua

chaleira

olla de vapor

panela a vapor

bandeja de horno

tabuleiro de forno

vajilla

louça

vaso

caneca

bol

caçarola

palillos para comer

hashi

cucharón de sopa

concha de sopa

espátula

espátula

batidor

batedor

colador

escorredor

cedazo

peneira

rallador

ralador

mortero

almofariz

parrillada

churrasqueira

fogata

lareira

tabla de picar

tábua de cortar

rodillo

rolo da massa

sacacorchos

saca-rolhas

lata

lata

abrelatas

abridor de latas

agarrador

pegador de panela

fregadero

pia

cepillo

escova

esponja

esponja

batidora

liquidificador

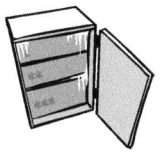

arcón congelador

congelador

biberón

mamadeira

grifo

torneira

cuarto de baño
banheiro

ducha
ducha
calefacción
aquecimento
toalla
toalha
cortina para ducha
cortina de chuveiro
baño de espuma
banho de espuma
bañera
banheira
vaso
copo
lavadora
lava-roupa
grifo
torneira
baldosa
azulejos
orinal
penico
fregadero
pia

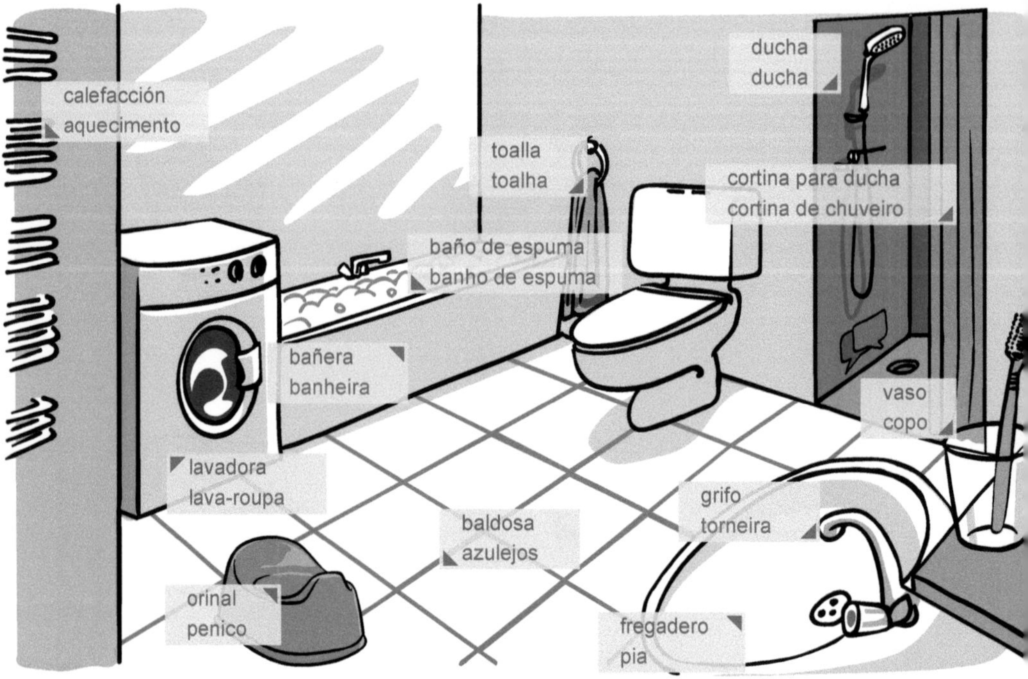

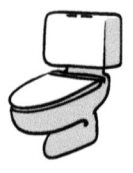

cuarto de baño

vaso sanitário

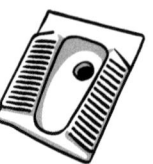

placa turca

lavabo de agachar

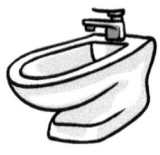

bidé

bidê

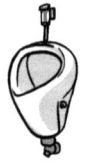

urinario

mictório

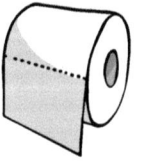

papel higiénico

papel higiênico

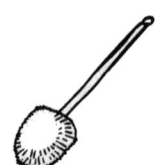

escobilla para el cuarto de baño

escova de privada

cepillo de dientes

escova de dentes

pasta dentífrica

pasta de dentes

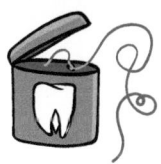

seda dental

fio dental

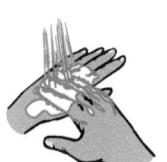

lavar

lavar

ducha teléfono

ducha de mão

ducha higiénica

ducha íntima

cuenco

bacia

cepillo para la espalda

escova para as costas

jabón

sabonete

gel de ducha

gel de banho

champú

xampu

manopla para baño

toalha de rosto

desagüe

escoamento

crema

creme

desodorante

desodorante

espejo
....
espelho

espejo de maquillaje
....
espelho de mão

máquina de afeitar
....
barbeador

espuma de afeitar
....
espuma de barbear

loción para después del
afeitado
....
loção pós-barba

peine
....
pente

cepillo
....
escova

secador para cabello
....
secador de cabelo

laca de peinado
....
spray de cabelo

maquillaje
....
maquiagem

lápiz labial
....
batom

laca para uñas
....
esmalte de unhas

algodón
....
algodão

tijera para uñas
....
tesoura para unhas

perfume
....
perfume

neceser
nécessaire

taburete
banquinho

balanza
balança

bata de baño
roupão de banho

guantes de goma
luvas de borracha

tampón
absorvente interno

compresa
absorvente íntimo

wáter químico
banheiro químico

cuarto de los niños
quarto de criança

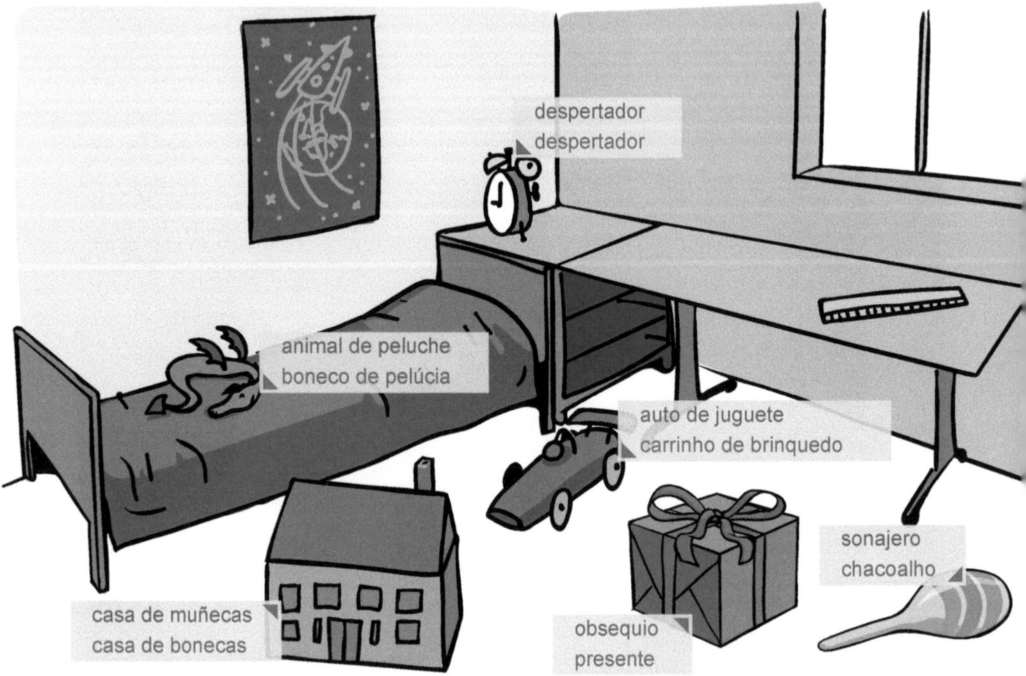
despertador
despertador
animal de peluche
boneco de pelúcia
auto de juguete
carrinho de brinquedo
sonajero
chacoalho
casa de muñecas
casa de bonecas
obsequio
presente

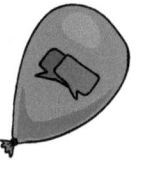

globo

balão

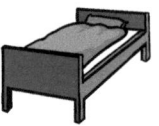

cama

cama

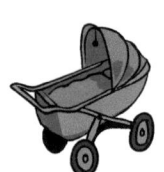

cochecito para niños

carrinho de bebê

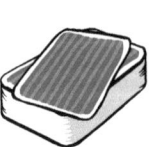

juego de barajas

jogo de cartas

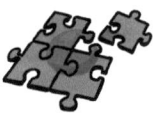

rompecabezas

quebra-cabeças

cómic

revista de quadrinhos

piezas de Lego

peças de Lego

bloques para jugar

blocos de construção

figura de acción

figura de ação

pijama de una pieza

macaquinho de bebê

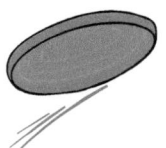

frisbee

frisbee

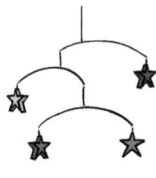

móvil

móblle para bebé

juego de mesa

jogo de tabuleiro

dado

dados

tren eléctrico a escala

trenzinho elétrico

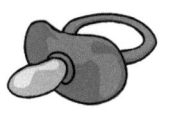

chupete

chupeta

fiesta

festa

libro de dibujos

livro ilustrado

pelota

bola

títere

boneca

jugar

brincar

arenero

caixa de areia

columpio

balanço

juguetes

brinquedos

consola de videojuego

videogame

triciclo

triciclo

osito de peluche

ursinho de pelúcia

guardarropa

guarda-roupa

vestimenta

vestuário

calcetines

meias

medias

meias pelo joelho

panti

meias-calças

chal
cachecol

paraguas
guarda-chuva

cinturón
cinto

camiseta
camiseta

botas
botas

zapatilla
chinelos

deportivas
tênis

sandalias	zapatos	botas de goma
sandálias	sapatos	botas de borracha

ropa interior	corpiño	camiseta
roupa de baixo	sutiã	camiseta de baixo

body
body

pantalón
calças

jeans
jeans

falda
saia

blusa
blusa

camisa
camisa

pullover
pulôver

sweater
suéter com capuz

blazer
blazer

chaqueta
jaqueta

abrigo
casaco

impermeable
gabardine

traje chaqueta
traje

vestido
vestido

vestido de bodas
vestido de casamento

traje
terno

camisón
camisola

pijama
pijama

sari
sari

pañuelo de cabeza
lenço de cabeça

turbante
turbante

burka
burca

caftán
cafetã

abaya
abaya

traje de baño
maiô

bañador
sunga

shorts
shorts

chándal
roupa de treino

delantal
avental

guante
luvas

botón

botão

gafa

óculos

brazalete

pulseira

cadena

colar

anillo

anel

aro

brinco

gorra

boné

percha

cabide

sombrero

chapéu

corbata

gravata

cierre a cremallera

zíper

casco

capacete

tiradores

suspensórios

uniforme escolar

uniforme escolar

uniforme

uniforme

babero
babador

chupete
chupeta

pañal
fralda

oficina
escritório

servidor
servidor

archivador
armário de arquivos

impresora
impressora

papel
papel

monitor
monitor

escritorio
escrivaninha

ratón
mouse

carpeta
pasta

teclado
teclado

cesto de papeles
cesto de lixo

silla
cadeira

ordenador
computador

taza de café
xícara de café

calculadora
calculadora

internet
internet

laptop
laptop

carta
carta

mensaje
mensagem

teléfono móvil
celular

red
rede

fotocopiadora
copiadora

software
software

teléfono
telefone

tomacorriente
tomada

máquina de fax
fax

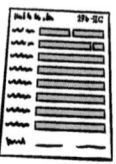

formulario
formulário

documento
documento

comprar
comprar

pagar
pagar

comerciar
negociar

dinero
dinheiro

dólar
Dólar

euro
Euro

yen
Yen

rublo
rublo

franco
franco suíço

renminbi
renminbi yuan

rupia
rupia

cajero automático
caixa eletrônico

casa de cambio

casa de câmbio

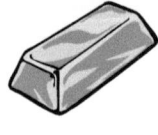

oro

ouro

plata

prata

petróleo

petróleo

energía

energia

precio

preço

contrato

contrato

impuesto

imposto

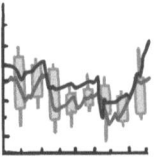

acción

ação

trabajar

trabalhar

empleado

empregado

empleador

empregador

fábrica

fábrica

negocio

loja

ocupaciones
profissões

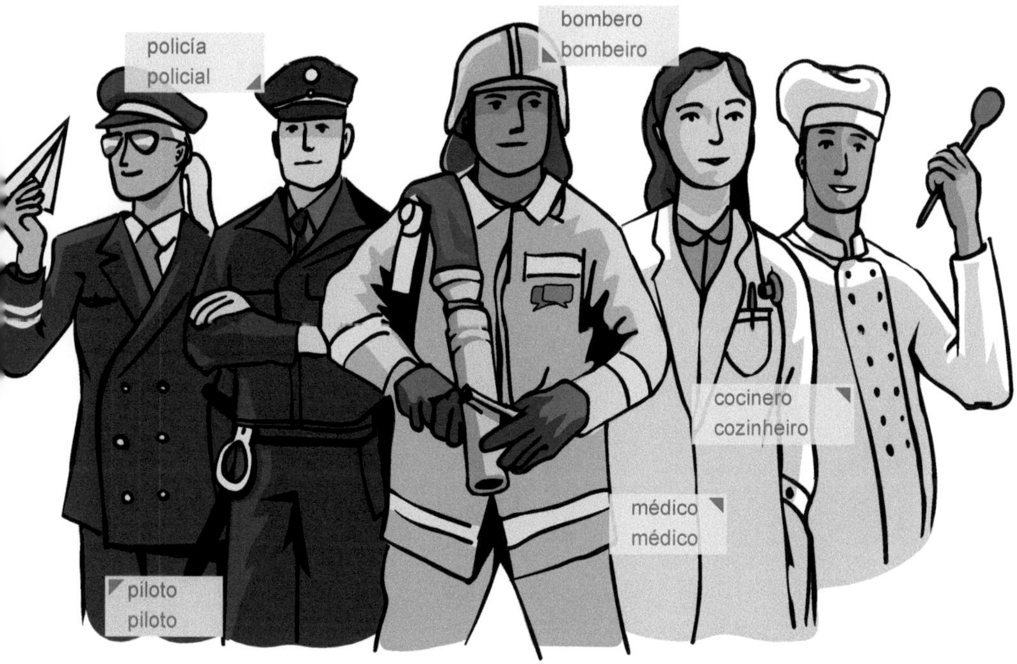
policía
policial
bombero
bombeiro
cocinero
cozinheiro
médico
médico
piloto
piloto

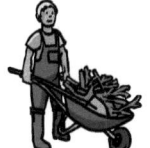

jardinero

jardineiro

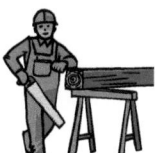

carpintero

marceneiro

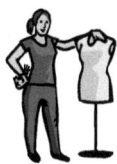

costurera

costureira

juez

juiz

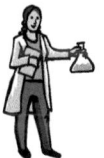

químico

químico

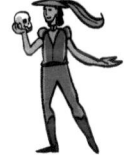

actor

ator

conductor de autobús

motorista de ônibus

taxista

motorista de táxi

pescador

pescador

mujer de la limpieza

faxineira

techista

telhador

camarero

garçom

cazador

caçador

pintor

pintor

panadero

padeiro

electricista

eletricista

albañil

construtor

ingeniero

engenheiro

carnicero

açougueiro

fontanero

encanador

cartero

carteiro

ocupaciones - profissões

soldado
soldado

arquitecto
arquiteto

cajero
caixa

florista
florista

peluquero
cabelereiro

cobrador
condutor

mecánico
mecànico

capitán
capitão

odontólogo
dentista

científico
cientista

rabino
rabino

imam
imam

monje
monge

párroco
pastor

herramientas
ferramentas

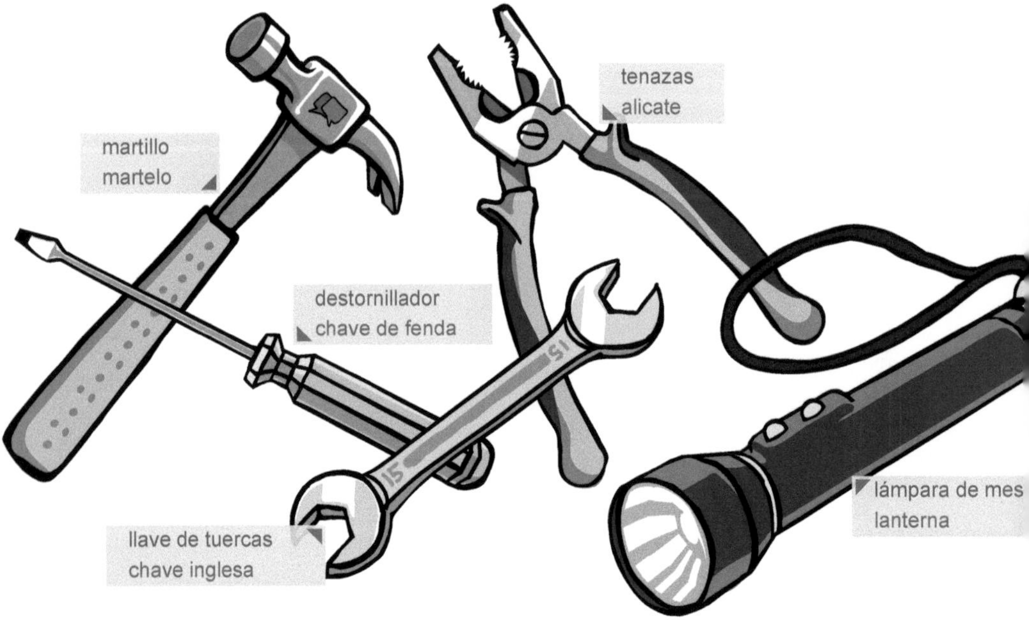
tenazas
alicate
martillo
martelo
destornillador
chave de fenda
lámpara de mes
lanterna
llave de tuercas
chave inglesa

excavadora

escavadora

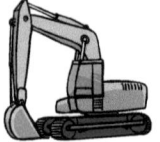

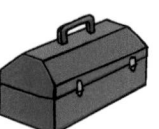

caja de herramientas

caixa de ferramentas

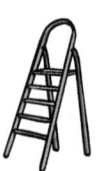

escalerilla

escada de mão

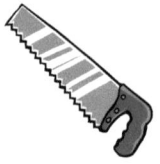

serrucho

serra

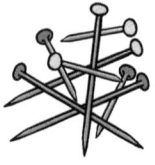

clavos

pregos

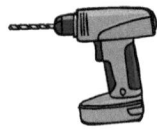

taladro

furadeira

reparar

consertar

pala

pá

¡Maldición!

Droga!

recogedor

pá de lixo

lata de pintura

pote de tinta

tornillos

parafusos

instrumentos musicales
instrumentos musicais

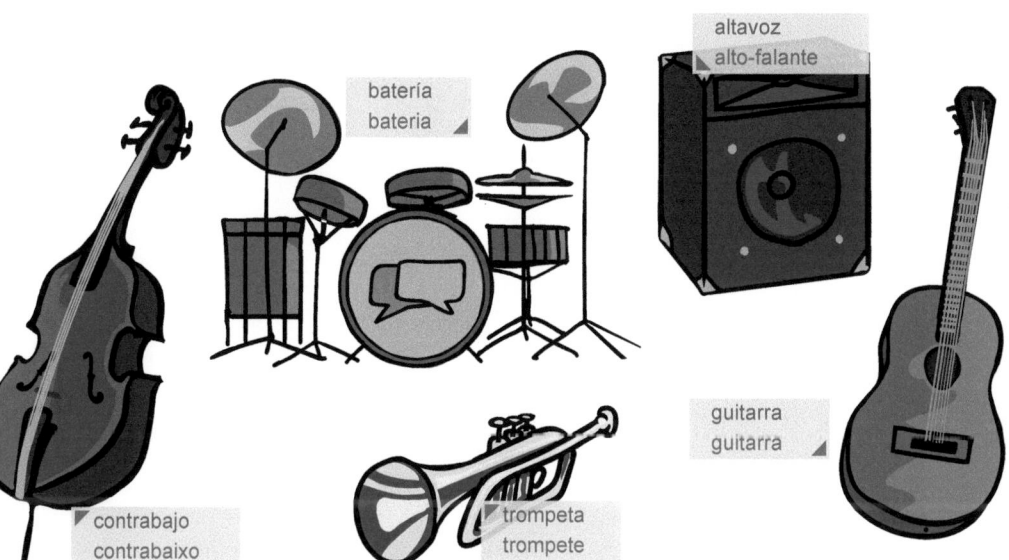

altavoz
alto-falante

batería
bateria

contrabajo
contrabaixo

trompeta
trompete

guitarra
guitarra

piano
piano

violín
violino

bajo
baixo

timbales
timbales

tambor
tambor

teclado
teclado

saxofón
saxofone

flauta
flauta

micrófono
microfone

zoológico
zoológico

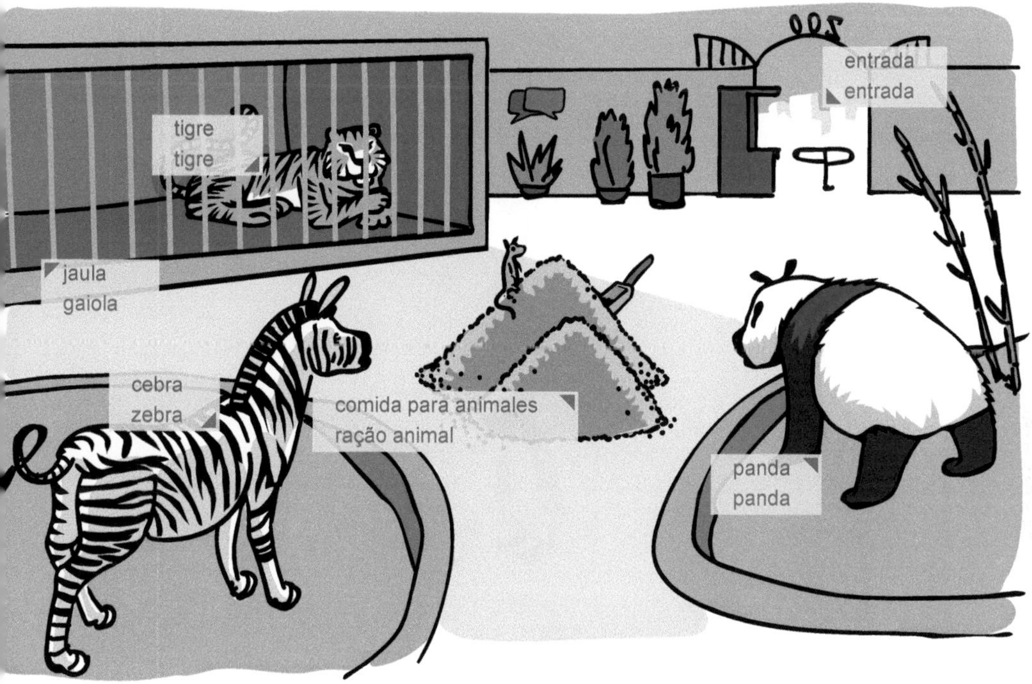
entrada
entrada
tigre
tigre
jaula
gaiola
cebra
zebra
comida para animales
ração animal
panda
panda

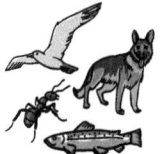

animales
animais

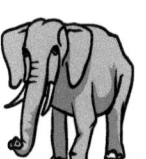

elefante
elefante

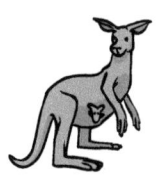

canguro
canguru

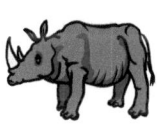

rinoceronte
rinoceronte

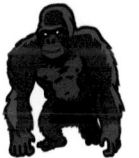

gorila
gorila

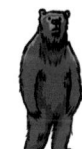

oso
urso

camello
camelo

avestruz
avestruz

león
leão

mono
macaco

flamengo
flamingo

papagayo
papagaio

oso polar
urso polar

pingüino
pinguim

tiburón
tubarão

pavo real
pavão

serpiente
cobra

cocodrilo
crocodilo

cuidador del zoológico
guarda do zoológico

foca
foca

jaguar
jaguar

pony

pônei

leopardo

leopardo

hipopótamo

hipopótamo

jirafa

girafa

águila

águia

jabalí

Javall

pescado

peixe

tortuga

tartaruga

morsa

morsa

zorro

raposa

gacela

gazela

fútbol americano
futebol americano

ciclismo
ciclismo

tenis
tênis

baloncesto
basquete

natación
natação

boxeo
boxe

hockey sobre hielo
hóquei no gelo

fútbol
futebol

badminton
badminton

atletismo
atletismo

balonmano
handebol

esquí
esqui

polo
polo

actividades
atividades

reír
rir
saltar
pular
abrazar
abraçar
caminar
andar
cantar
cantar
soñar
sonhar
rezar
rezar
besar
beijar

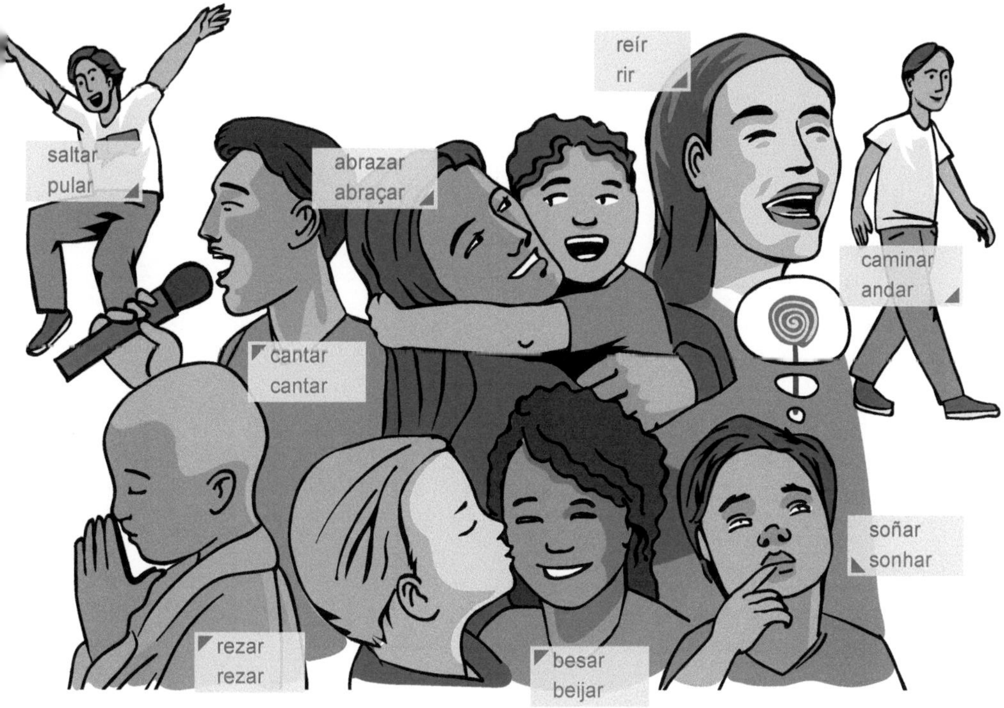

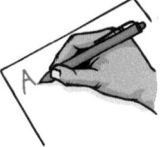

escribir

escrever

dibujar

desenhar

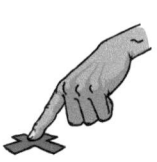

mostrar

mostrar

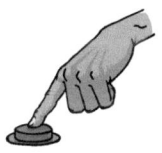

presionar

empurrar

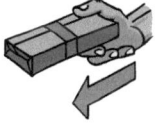

dar

dar

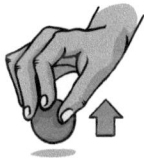

tomar

tomar

tener

ter

hacer

fazer

ser

ser

estar de pie

ficar de pé

correr

correr

tirar

puxar

arrojar

jogar

caer

cair

estar acostado

deitar

esperar

esperar

llevar

carregar

estar sentado

sentar

vestirse

vestir

dormir

dormir

despertar

despertar

mirar
olhar para

llorar
chorar

acariciar
acariciar

peinarse
pentear

conversar
falar

entender
entender

preguntar
perguntar

oír
ouvir

beber
beber

comer
comer

asear
arrumar

amar
amar

cocinar
cozinhar

conducir
dirigir

volar
voar

navegar

velejar

calcular

calcular

leer

ler

aprender

aprender

trabajar

trabalhar

casarse

casar

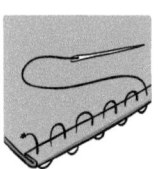

coser

costurar

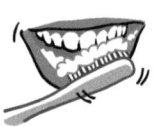

limpiarse los dientes

escovar os dentes

matar

matar

fumar

fumar

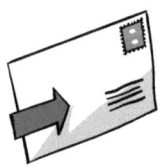

enviar

enviar

abuela
avó

abuelo
avô

padre
pai

madre
mãe

bebé
bebê

hija
filha

hijo
filho

invitado
convidado

tía
tia

tío
tio

hermano
irmão

hermana
irmã

cuerpo
corpo

frente
testa
ojo
olho
hombro
ombro
dedo
dedo
cara
rosto
barbilla
queixo
mano
mão
pecho
peito
pierna
perna
brazo
braço

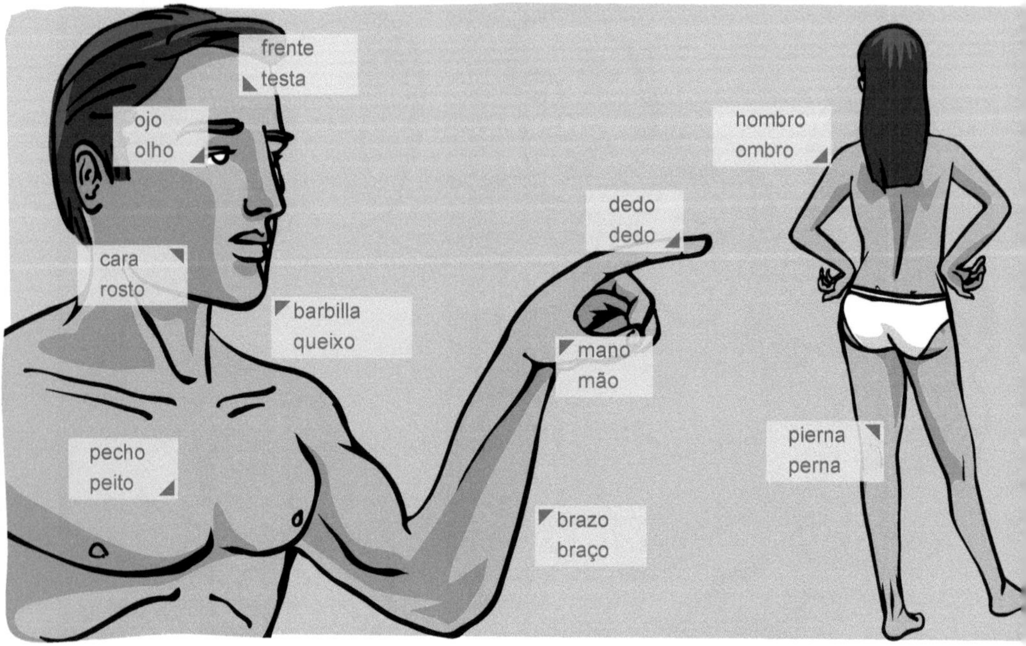

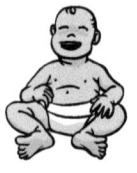

bebé

bebê

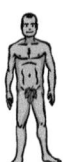

hombre

homem

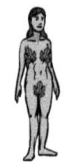

mujer

mulher

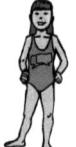

muchacha

menina

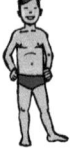

joven

menino

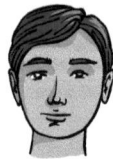

cabeza

cabeça

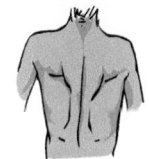

espalda

costas

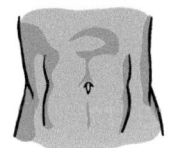

vientre

barriga

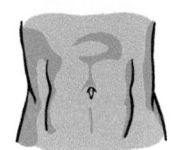

ombligo

umbigo

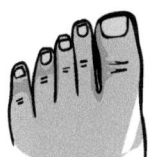

dedo del pie

dedo do pé

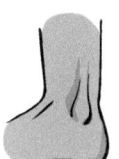

talón

calcanhar

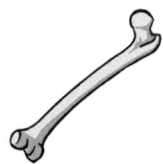

hueso

osso

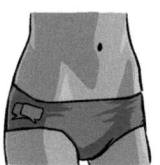

cadera

anca

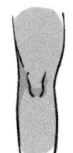

rodilla

joelho

codo

cotovelo

nariz

nariz

trasero

nádegas

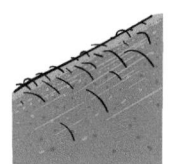

piel

pele

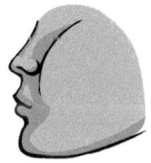

mejilla

bochecha

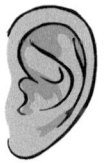

oreja

orelha

labio

lábio

cuerpo - corpo

boca
boca

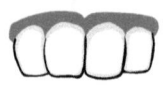

diente
dente

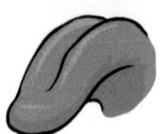

lengua
língua

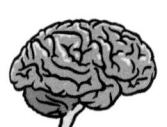

cerebro
cérebro

corazón
coração

músculo
músculo

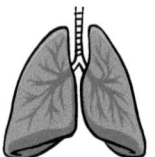

pulmón
pulmão

hígado
fígado

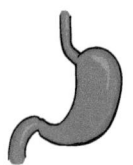

estómago
estômago

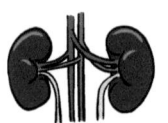

riñones
rins

relación sexual
relações sexuais

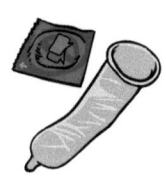

condón
preservativo

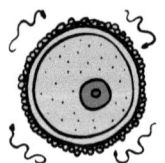

Óvulo
óvulo

esperma
esperma

embarazo
gravidez

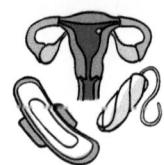

menstruación
menstruação

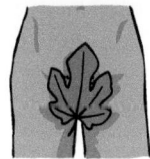

vagina
vagina

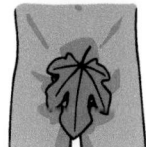

pene
pênis

ceja
sobrancelha

cabello
cabelo

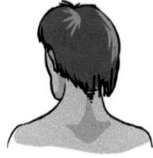

cuello
pescoço

hospital
hospital

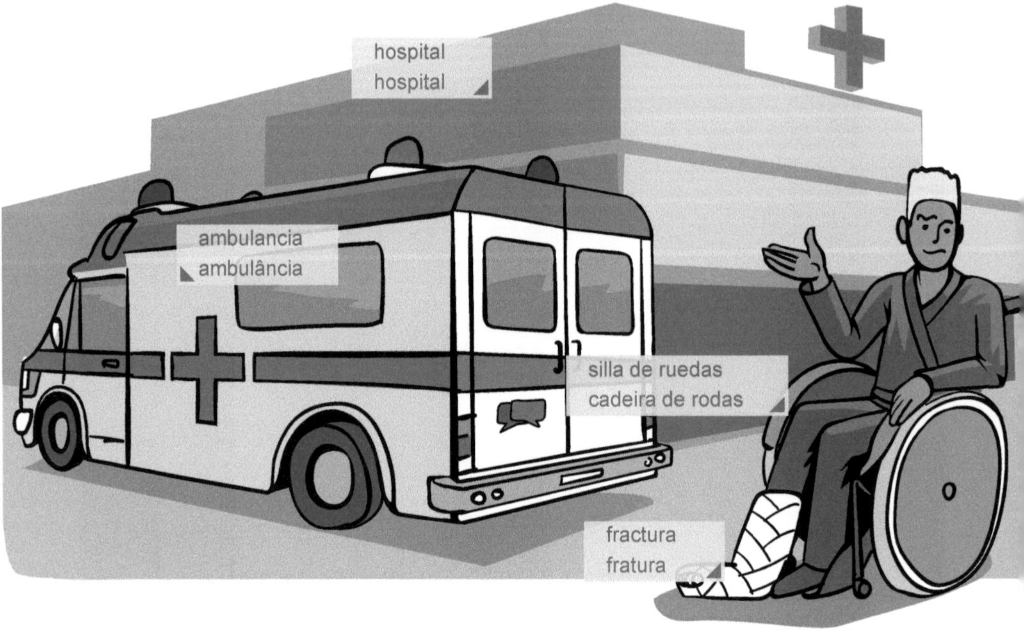

hospital
hospital
ambulancia
ambulância
silla de ruedas
cadeira de rodas
fractura
fratura

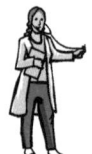

médico
médico

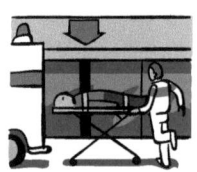

admisión de urgencia
pronto-socorro

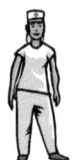

enfermera
enfermeira

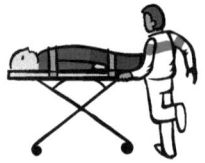

emergencia
emergência

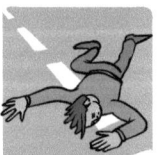

inconsciente
inconsciente

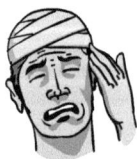

dolor
dor

lesión

ferimento

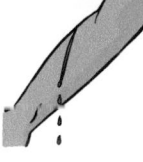

hemorragia

hemorragia

infarto de miocardio

ataque cardíaco

apoplejía cerebral

acidente vacular cerebral

alergia

alergia

tos

tosse

fiebre

febre

gripe

gripe

diarrea

diarreia

dolor de cabeza

dor de cabeça

cáncer

câncer

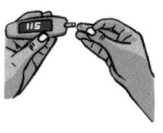

diabetes

diabetes

cirujano

cirurgião

escalpelo

bisturi

operación

operação

TC
CT

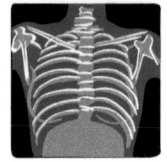

rayos X
raio x

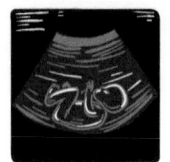

ultrasonido
ultrassom

máscara
máscara

enfermedad
doença

sala de espera
sala de espera

muleta
muleta

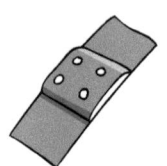

emplasto
bandeide

vendaje
ligadura

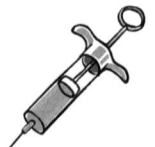

inyección
injeção

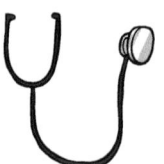

estetoscopio
estetoscópio

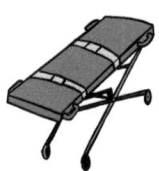

camilla
maca

termómetro
termômetro

nacimiento
nascimento

sobrepeso
excesso de peso

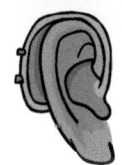

audífono

aparelho auditivo

desinfectante

desinfetante

infección

infecção

virus

vírus

VIH / SIDA

HIV / AIDS

medicina

medicamento

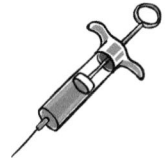

vacunación

vacinação

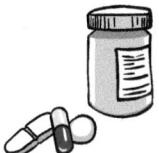

comprimido

comprimidos

píldora anticonceptiva

pílula

llamada de emergencia

chamada de emergência

medidor de presión arterial

dispositivo de medição de
pressão arterial

enfermo / saludable

doente / saudável

¡Ayuda!

Socorro!

alarma

alarme

asalto

assalto

ataque

ataque

peligro

perigo

salida de emergencia

saída de emergência

¡Fuego!

Fogo!

extintor

extintor de incêndios

accidente

acidente

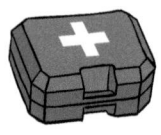

kit de primeros auxilios

maleta de primeiros socorros

SOS

SOS

Policía

polícia

Europa

Europa

América del Norte

América do Norte

América del Sur

América do Sul

África

África

Asia

Ásia

Australia

Austrália

Atlántico

Atlântico

Pacífico

Pacífico

Océano Índico

Oceano Índico

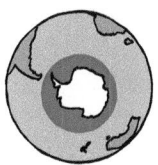

Océano Antártico

Oceano Antártico

Océano Ártico

Oceano Ártico

Polo Norte

Polo Norte

Polo Sur
Polo Sul

Antártida
Antártica

Tierra
Terra

país
terra

mar
mar

isla
ilha

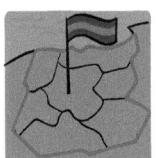

nación
nação

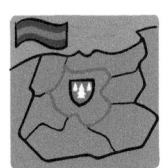

Estado
estado

cuadrante

mostrador do relógio

horario

ponteiro das horas

minutero

ponteiro dos minutos

segundero

ponteiro dos segundos

¿Qué hora es?

Que horas são?

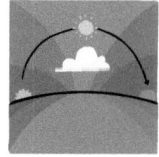

día

dia

tiempo

tempo

ahora

agora

reloj digital

relógio digital

minuto

minuto

hora

hora

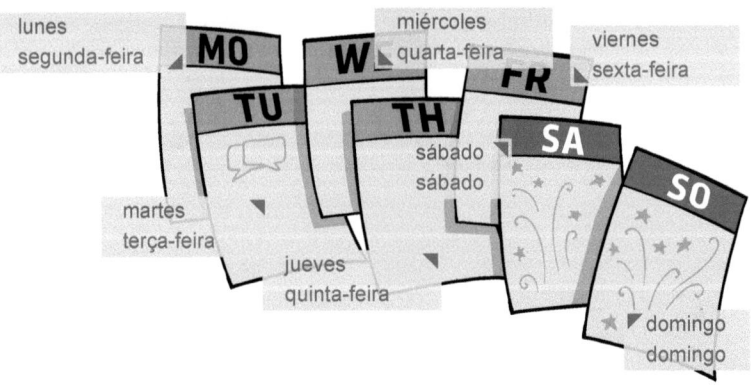

lunes
segunda-feira

miércoles
quarta-feira

viernes
sexta-feira

martes
terça-feira

sábado
sábado

jueves
quinta-feira

domingo
domingo

ayer

ontem

hoy

hoje

mañana

amanhã

mañana

manhã

mediodía

meio-dia

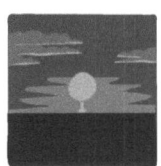

tarde

entardecer

jornada de trabajo

dias úteis

fin de semana

fim de semana

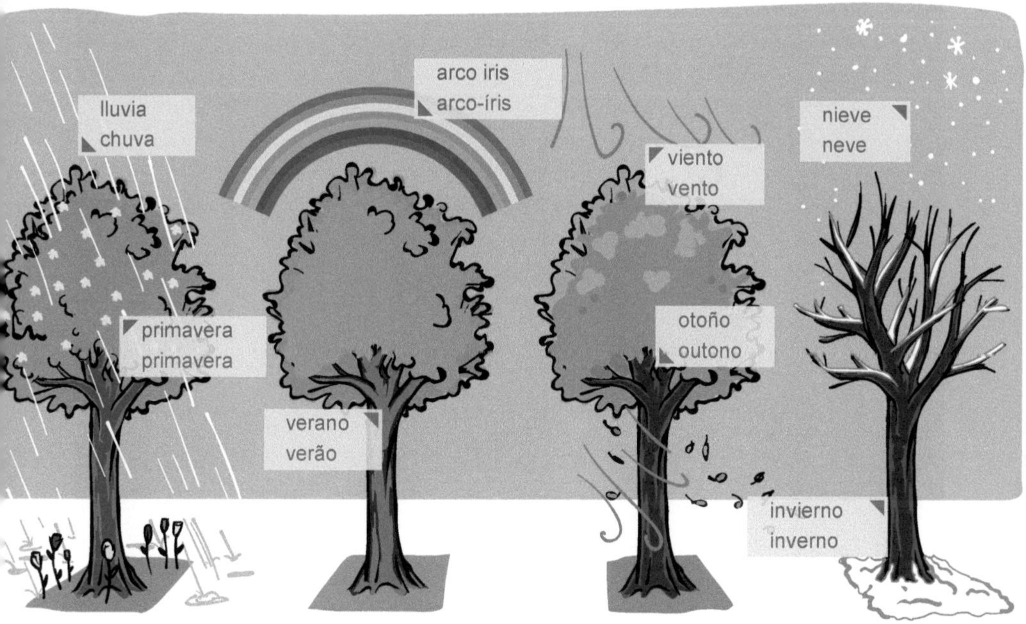

lluvia
chuva
arco iris
arco-íris
viento
vento
nieve
neve
primavera
primavera
verano
verão
otoño
outono
invierno
inverno

4.APRIL 11°
5.APRIL 4°
6.APRIL 13°
7.APRIL 8°
8.APRIL 10°

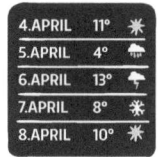

pronóstico meteorológico

previsão do tempo

F C
120 40
90 30
60 20
30 10
0 0
-30 -10
-20

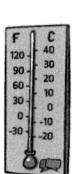

termómetro

termômetro

luz solar

raio de sol

nube

nuvem

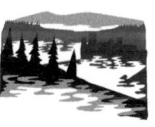

niebla

neblina / nevoeiro

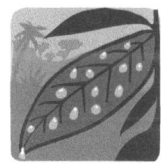

humedad ambiente

umidade do ar

relámpago

relâmpago

trueno

trovão

tormenta

tempestade

granizo

granizo

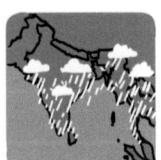

monzón

monção

inundación

inundação

hielo

gelo

enero

janeiro

febrero

fevereiro

marzo

março

abril

abril

mayo

maio

junio

junho

julio

julho

agosto

agosto

año - ano

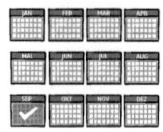

septiembre
....
setembro

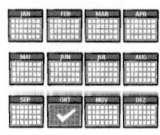

octubre
....
outubro

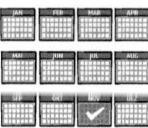

noviembre
....
novembro

diciembre
....
dezembro

formas

formas

círculo
....
círculo

cuadrado
....
quadrado

rectángulo
....
retângulo

triángulo
....
triângulo

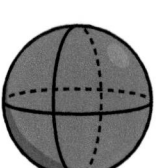

esfera
....
esfera

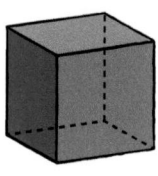

cubo
....
cubo

blanco
....
branco

amarillo
....
amarelo

anaranjado
....
laranja

rosa
....
rosa

rojo
....
vermelho

lila
....
lilás

azul
....
azul

verde
....
verde

marrón
....
marrom

gris
....
cinza

negro
....
preto

mucho / poco

muito / pouco

enojado / calmado

furioso / tranquilo

bonito / feo

lindo / feio

comienzo / fin

começo / fim

grande / pequeño

grande / pequeno

claro / oscuro

claro / escuro

hermano / hermana

irmão / irmã

limpio / sucio

limpo / sujo

completo / incompleto

completo / incompleto

día / noche

dia / noite

muerto / vivo

morto / vivo

ancho / angosto

largo / estreito

disfrutable / no disfrutable

comestível / não comestível

malo / amigable

mau / gentil

excitado / aburrido

entusiasmado / entediado

gordo / delgado

gordo / magro

primero / último

primeiro / último

amigo / enemigo

amigo / inimigo

lleno / vacío

cheio / vazio

duro / suave

duro / macio

pesado / liviano

pesado / leve

hambre / sed

fome / sede

enfermo / saludable

doente / saudável

ilegal / legal

ilegal / legal

inteligente / tonto

inteligente / idiota

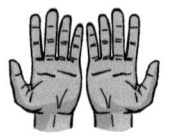

izquierda / derecha

esquerda / direita

cercano / lejano

perto / longe

nuevo / usado

novo / usado

nada / algo

nada / alguma coisa

viejo / joven

velho / jovem

encendido / apagado

ligado / desligado

abierto / cerrado

aberto / fechado

bajo / fuerte

baixo / alto

rico / pobre

rico / pobre

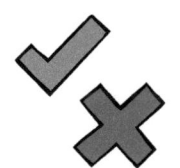

correcto / incorrecto

certo / errado

áspero / liso

áspero / liso

triste / alegre

triste / feliz

breve / extenso

curto / longo

lento / veloz

lento / rápido

mojado / seco

molhado / seco

caliente / frío

ameno / fresco

guerra / paz

guerra / paz

0

cero

zero

1

uno

um

2

dos

dois

3

tres

três

4

cuatro

quatro

5

cinco

cinco

6

seis

seis

7

siete

sete

8

ocho

oito

9

nueve

nove

10

diez

dez

11

once

onze

12

doce

doze

13

trece

treze

14

catorce

quatorze

15

quince

quinze

16

dieciséis

dezesseis

17

diecisiete

dezessete

18

dieciocho

dezoito

19

diecinueve

dezenove

20

veinte

vinte

100

cien

cem

1.000

mil

mil

1.000.000

millón

milhão

inglés
inglês

inglés estadounidense
inglês americano

chino mandarín
chinês mandarim

hindi
hindi

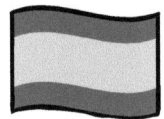

español
espanhol

francés
francês

árabe
árabe

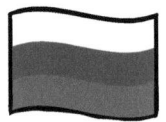

ruso
russo

portugués
português

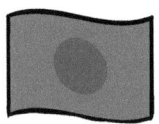

bengalí
bengalês

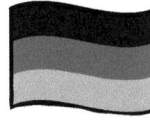

alemán
alemão

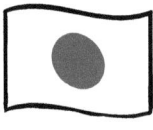

japonés
japonês

yo

eu

tú

você

él / ella

ele / ela

nosotros

nós

vosotros

vocês

ellos

eles / elas

¿quién?

quem?

¿qué?

O quê?

¿cómo?

como?

¿dónde?

onde?

¿cuándo?

Quando?

nombre

nome

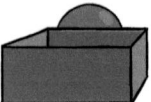

detrás
....
atrás

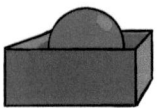

en
....
em

delante de
....
na frente de

encima de
....
sobre

sobre
....
em cima

debajo de
....
debaixo

junto a
....
do lado

entre
....
entre

lugar
....
lugar